LAURENT BAFFIE

MES PETITES ANNONCES DRÔLES, POÉTIQUES OU FRANCHEMENT LIMITES

KERO

Du même auteur

- *Le Dictionnaire de Laurent Baffie*, Kero, 2012 ; Le Livre de Poche, 2016

- *C'est quoi ce bordel ?!*, Kero, 2013

- *500 questions que personne ne se pose*, Kero, 2014

- *Dictionnaire des noms propres (ou presque !)*, Kero, 2015

ISBN : 978-2-36658-391-5

PRÉFACE

À Pierre Dac, le maître du genre.

Avec Coluche, Michel Audiard, Woody Allen et bien d'autres, Pierre Dac a été pour moi un maître à rire et à penser.

Son esprit décalé, son intelligence, sa modernité et son brio pour presser les mots dans tous les sens et en extraire un délicieux nectar m'ont considérablement influencé.

Jeune, je savourais déjà ses petites annonces. Certes, je ne les comprenais pas toutes mais celles qui étaient à ma portée me faisaient beaucoup rire et forçaient mon admiration.

Allez, je vous en donne trois comme ça au hasard :

« Idiot cherche village. »
« Échange siège Empire contre siège en mieux. »
« Vends papier glacé pour lettre de rupture. »

C'est beau, non ? Souvent j'ai eu envie de me frotter à cet exercice mais, à la réflexion, je me le suis toujours interdit de peur de ne pas être à la hauteur du grand maître.

Jusqu'au jour où j'ai eu une illumination qui m'a totalement désinhibé :

Ai-je arrêté d'avoir des rapports sexuels après avoir vu un porno avec Rocco Siffredi ? Non !

Ai-je arrêté de mentir après avoir vu des hommes politiques à la télé ? Non !

Ai-je arrêté de péter après une journée de tournage avec Gérard Depardieu ? Non !

Alors du coup ce livre je le fais en espérant qu'il réjouisse le plus de lecteurs possible, et ceux à qui ça ne plaît pas, je les emmerde !

Laurent Baffie

Voici quatre fois vingt ans, à quelques semaines et quelques secondes près, très exactement le 13 mai 1938, Pierre Dac imaginait et publiait ses premières petites annonces. Elles figuraient en bas de la dernière page de *L'Os à moelle*, l'hebdomadaire loufoque novateur qu'il venait de créer.

La première d'entre elles, « On demande cheval sérieux pour faire livraison tout seul », n'a jamais eu de réponse, pas plus que les milliers de suivantes publiées jusqu'à la disparition d'un os qui, en juin 1940, s'est dissous au contact du vert-de-gris.

Aujourd'hui, Laurent Baffie assure la relève à sa manière, c'est-à-dire en ajoutant sa forme d'humour aussi personnelle et originale, et réciproquement, à celle de celui qu'il considère comme son maître. Qu'il soit remercié sur la place publique, mais à titre privé de tout sauf de moyens, de démontrer ainsi que rien de ce qui est fini n'est jamais complètement achevé tant que tout ce qui est commencé n'est pas totalement terminé.

Poil au nez.

Jacques Pessis

**Particulier
vend canards
sur le bon coin coin.**

**Homme à la retraite
vend bon débarras.**

**Pute de luxe échange
staphylocoque doré
contre bouton de chez
Herpès.**

**Homme régulièrement
taxé de paranoïa tient à
signaler à tout ceux qui
l'observent qu'ils ne sont
pas très discrets.**

Main de fer échange gant de velours contre bite en bois.

Homme ayant un doute sur sa future épouse cherche tatoueur travaillant à l'encre sympathique.

Homme 30 ans fleur bleue
et romantique cherche
femme pour se vider
les couilles.

**Constipé chronique
hébergerait taupe
désireuse d'épater
la galerie.**

Poseur de lapins cherche
arlésienne pour
ne pas culpabiliser.

RARE. Vends magnifiques petits chiots croisés yorkshires /montagnes des Pyrénées. Le papa est à vendre aussi, mais pas la maman qui est morte pendant la mise bas.

Belge vend camion à pizzas neuf mais trop grand pour entrer dans sa cuisine.

Homme ayant surpris sa fiancée en train de sucer le maire tout en se faisant défoncer par le curé le jour de son mariage tient à préciser aux invités que le vin d'honneur est maintenu à condition d'avoir rapidement une explication franche et loyale avec sa femme.

Personne de petite taille, la quarantaine, cherche compagne du même âge, mesurant minimum 1,80 m pour accéder au bonheur et aux étagères du haut.

CONCIERGE DIVORCÉE CHERCHE HOMME POUR LUI FAIRE LA COUR.

Homme 40 ans, divorcé trois fois après n'être malheureusement tombé que sur des femmes qui parlaient pour ne rien dire, épouserait femme entre 30 et 35 ans, sachant comprendre l'autre à demi-mot, sans redondance, redite, truisme ou verbiage inutile afin de communiquer enfin d'une façon courte et précise, la concision étant le meilleur moyen de faire passer une idée simple sans qu'elle soit parasitée par des périphrases et autres circonlocutions qui altèrent le sens du propos et qui débouchent systématiquement sur des chicaneries et des ergotages sans fin. Si tu es cette femme au langage sobre et dépouillé, si tu détestes les querelles stériles, les bisbilles infantiles et les chipotages interminables, si tu envisages de vivre avec un homme à qui tu répondrais simplement « oui » quoi qu'il te dise afin de traverser la vie sans prises de tête inutiles responsables à coup sûr de l'altération du couple ; si toi aussi, tu as soif de dépouillement dans la conversation, écris au journal qui me transmettra. Attention : 12 caractères maximum.

Boule de geisha
échangerait situation
avec boule de pétanque
pour s'aérer un peu.

Pervers narcissique
célibataire cherche
emploi dans entreprise
de démolition.

Homme marié cherche bonne suceuse sachant tenir sa langue.

Avocat souffrant
du syndrome Gilles
de la Tourette cherche
clients qui n'ont rien
contre la prison.

Anthropophage cocu cherche marabout bon cuisinier pour faire revenir femme à feu doux.

Chocolat noir désireux de s'intégrer cherche place dans boîte de chocolats blancs.

Homme 50 ans souffrant d'halitose cherche femme souffrant d'anosmie pour lui susurrer des mots doux à l'oreille sans la faire gerber.

■ Vends altercations, embrouilles, algarades et prises de bec.
Prix à débattre très fermement.

■ Gros porc cherche grosse truie pour se vautrer dans la fange.
Tenue correcte exigée.

Gardien de phare cherche jeune prostituée motivée qui serait susceptible de se déplacer dans le Morbihan et de monter 439 marches juste pour une petite pipe.

RENARD ARGENTÉ CHERCHE POULE DE LUXE.

Ramoneur possédant hérissons adaptés à tous types d'orifices propose coloscopie à domicile. Douillets s'abstenir.

FICELLE DE STRING ÉCŒURÉE PAR L'ODEUR CHERCHE PLACE DE FIL À COUPER LE BEURRE.

Si tu es la fille blonde d'une trentaine d'années qui était dans le bus de la ligne 26, le 7 mai dernier à 17h15, et qui est descendue à Jaurès, si c'est bien toi qui m'as souri quand je me suis écarté pour te laisser passer, sache que j'ai très bien interprété ton sourire. Le message était clair, il voulait dire « Enfin je t'ai trouvé, c'est toi, tu es l'homme de ma vie, alors de ton côté arrête de chercher l'âme sœur car elle est juste devant toi ». Devant cette évidence j'ai cherché à te retrouver et j'ai repris ce bus chaque jour du premier le matin 5h18 jusqu'au dernier à 00h42, afin de te demander en mariage et de te faire une ribambelle d'enfants. Ça fait aujourd'hui plus de huit mois que je te cherche sans succès et ça me brise le cœur. Mes amis pourraient te le dire, je ne suis pas du genre à m'emballer pour rien, à me faire des films, mais là j'y ai cru très fort, et ma déception est à la hauteur de ton comportement frivole et désinvolte. Je me demande à présent si toi, la femme de ma vie, ma dulcinée, mon rêve, tu ne serais pas qu'une petite allumeuse inconsciente qui s'amuse à chavirer les cœurs avec un comportement plus qu'équivoque. Si c'est le cas, permets-moi de te dire que tu n'es en fait qu'une petite salope et que je me suis lourdement trompé sur ton compte, et si par le plus grand des hasards on se recroisait un jour dans un bus ou ailleurs, je te mettrais une grosse claque dans ta belle gueule d'ange pour te responsabiliser un peu sur ton comportement de petite pute irresponsable. Ton-ex amour d'un jour.

Convoyeur de fonds sans ambition cherche emploi de transporteur de pièces jaunes.

Actrice de films pornos cherche réalisateur pour accoucher sous X.

**CUL-DE-JATTE
CHERCHE
MAISON DE PLAIN-PIED
AUX ÎLES PANARI.**

**Couple échangiste centenaire
cherche couple du même âge
pour partager caveau
sur Rouen.**

**Lanceur de nains
recherche
enfants 6 à 8 ans
pour entraînement le mercredi
et le samedi.**

**MAQUETTISTE
CHERCHE
FEMME QUI A ENCORE SES RÈGLES
POUR L'AIDER DANS SON TRAVAIL.**

Vends Twingo noire 5 000 km au compteur, valeur 7 500€, prix sacrifié à 1 000€, voire même 900 en cash. Possibilité de descendre à 800 si l'acheteur est sympa, 700 si c'est une belle gonzesse, 600 si elle suce et 500 si elle n'a rien contre la sodomie. Attention je ne descendrai pas à 400, à moins qu'elle n'accepte de s'occuper aussi de mes potes. Je pourrais même dire oui à 300 si on fait une sextape, 200 si on tourne dans une cave et 100 si elle n'a rien contre les pit-bulls, mais attention pour ce prix-là que cette salope ne vienne pas me faire chier avec les papiers du véhicule.

■ Ancienne actrice de films pornos voulant encore voir des hommes décharger devant elle cherche place de caissière.

■ Épépineuse de groseilles à la vue déclinante cherche place de désanusseuse de porc.

■ Tibétaine frigide épouserait sherpa pour tout lui mettre sur le dos.

Zoophile cherche
escabeau stable
pour sodomiser girafe.

Petite PME écrasée par
les charges prévient les
cambrioleurs qu'elle met
la clé sous la porte.

Contorsionniste épouserait
femme psychorigide pour
le réprimander quand
il pratique l'autofellation.

Crème de jour insomniaque cherche place de crème de nuit.

Homme tronc cherche personne pour lui gratter les couilles le matin au réveil.

Roumain cherche travail outre-Manche. S'il vous plaît pour les enfants.

Prostituée échange emploi dans maison close contre place dans centre aéré.

Achète à bon prix pierres à ricochets. Écrire au journal qui fera suivre à mon bureau, qui fera suivre à ma résidence secondaire, qui fera suivre à ma résidence principale.

Petite frappe
cherche
place de sténo débutant.

PROCTOLOGUE-OPHTALMO
CHERCHE
FEMME SUSCEPTIBLE
DE LUI OBÉIR
AU DOIGT ET À L'ŒIL.

ÉCHANGE
MAISON HANTÉE
CONTRE
MAISON EN L.

Homme à la conduite irréprochable
cherche stage de récupération
de points et bon avocat
pour divorce.

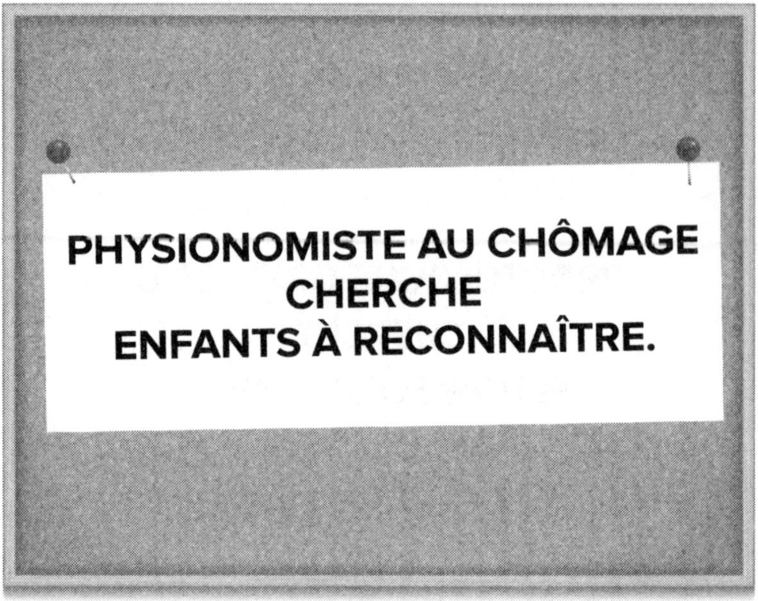

■ Cause accident vends barque de pêche avec deux moteurs de 600 chevaux. (Réparation à prévoir.)

■ Expert en balistique se propose d'examiner votre trou de balle.

Marin musulman cherche place de capitaine exclusivement sur bateau ne naviguant pas sur les côtes de port.

Catholique hésitant entre deux religions cherche canapé convertible à l'islam.

Édouard de la Faisanderie, gentleman cambrioleur, s'excuse très sincèrement auprès de la petite octogénaire qu'il a violée et torturée hier soir à Bagneux afin de lui faire avouer où elle avait caché ses 40€.

Femme 25 ans, trop souvent agressée sexuellement, cherche homme de tout âge susceptible de s'intéresser à elle pour autre chose que son visage d'ange, ses gros seins et son petit cul rebondi. Si vous êtes sincère et si vous avez envie de construire une relation stable et durable dans le respect de l'autre, je vous donne rendez-vous lundi à 17h au café de l'Opéra en espérant fermement qu'au bout de cinq minutes vous ne proposerez pas de prendre une suite junior dans l'hôtel juste au-dessus dans l'espoir que je vous fasse un body massage totalement nue avant de vous lécher les parties génitales à petits coups de langue, puis de vous prendre totalement en bouche avant de mettre votre grosse queue bien dure entre mes seins pour une frénétique branlette espagnole qui précédera à coup sûr une levrette débridée pendant laquelle vous tirerez sur mes couettes blondes en imitant le bruit d'une moto qui fonce dans la nuit, ce qui finira par une éjac faciale dégradante avec pour seule réparation morale dix billets de 50 euros posés précédemment sur la table de nuit.

Castrat épouserait femme,
même casse-couilles.

Homme d'État
cherche
des tas de femmes.

Adolescent acnéique et
réservé cherche fille
intrusive et jalouse pour lui
tirer les vers du nez.

**AGRICULTEUR SADO-MASO
ÉCHANGE
BLÉ CONTRE AVOINE.**

**Homme mou comme une chique
épouserait
femme dure
comme un coup de trique.**

**Fille givrée
cherche
amoureux transi
pour relation torride.
Fondu s'abstenir.**

**HOMME CREVÉ
CHERCHE
FEMME GONFLÉE
POUR LE POMPER.**

■ Enfant de chœur trop souvent abusé cherche poudre a récurer.

■ Vends instruments de torture dernier cri. Téléphoner aux heures de bourreau.

Femme chiante épouserait fabricant de barbelé pour lui donner du fil à retordre.

Échange pet de lapin contre roupie de sansonnet.

Pied-noir dominateur cherche femme susceptible de lui montrer patte blanche.

■ Colosse aux pieds d'argile cherche charentaises taille 96.

■ Esthéticienne épouserait mec de mauvais poil pour s'entraîner à la maison.

Cerise
cherche
emploi stable
sur gâteau.

Vends plaques émaillées
pour restaurants corses
avec l'inscription
« CARTE BLEUE EN PANNE ».

Violeur chétif cherche écarteur de cuisses.

Mec laid comme un pou cherche femme excitée comme une puce.

Zoophile milliardaire cherche chien perdu sans collier pour le couvrir de bijoux.

Factrice nymphomane cherche queutard timbré susceptible de la prendre au pied de la lettre.

VIEILLE PIPE
EN AYANT MARRE DE SE FAIRE BOURRER
CHERCHE
PLACE DE CIGARETTE ÉLECTRONIQUE
POUR POUVOIR ENFIN DÉCHARGER.

Bidet
cherche
place de spa
chez personne de petite taille.

DONNEUR DE SPERME CHERCHE
PLACE DE GOÛTEUR CHEZ MOUSLINE
POUR CONTINUER
À CRACHER LA PURÉE.

Parolier anarchiste hors du système pourri du show-biz cherche interprète qui aurait les couilles de chanter sa chanson intitulée « J'encule la société », dont voici les paroles :

Je n'ai jamais sodomisé
Une femme, un homme ou un bébé
Mais toute ma vie je dois l'avouer
J'ai enculé la société !

Je n'ai jamais suivi l'troupeau
J'ai pas payé le moindre impôt
J'ai eu ni chef et ni kapo,
En plus je chie sur le drapeau !

Je ne suis pas un matricule
Et toute la haine que j'accumule
Pour tous ces gens qui gesticulent
Je la libère lorsque j'encule !

Alors toi aussi fais comme moi,
Aux flics, aux juges et aux bourgeois,
Aux culs serrés et aux pisse-froid,
Montre ton cul et fais des doigts !

Pion dans un lycée
de garçons cherche place
dans jeu de dames pour
sauter un peu plus.

Collectionneur de chèvres chauds achète à bon prix 300 fours à micro-ondes.

Vieux lanceur de couteaux
atteint de Parkinson
cherche partenaire
pour tournée internationale.
Hémophile s'abstenir.

■ Pétomane libre de suite cherche travail dans jacuzzi en panne.

■ Pilier de droite à l'esprit de contradiction cherche place de pilier de gauche pour soutenir le contraire.

Belge cherche
remorque se fixant
à l'avant du véhicule.

Fayot orphelin
cherche
cousin péteur.

Homme sur la corde raide cherche femme sur le fil du rasoir.

Mauvais coucheur partagerait colocation avec bon payeur.

Célibataire 50 ans avec sa bite et son couteau épouserait femme du même âge avec sa chatte et sa fourchette.

Jésus prévient ses fidèles qui attendent son retour depuis si longtemps qu'il mixera samedi soir au Papayo. Attention Judas à l'entrée !

Mesdames, vous voulez vous marier sans que votre nuit de noce vire au cauchemar lorsque votre mari très jaloux aura la mauvaise surprise de découvrir que vous n'avez pas gardé votre petit capital pour lui ? Notre clinique des Îles Vierges vous propose des reconstructions de l'hymen à partir de 8 000 €. Certes ce n'est pas donné mais c'est toujours moins cher qu'une reconstruction du visage ! Si vous réservez dans les 24h le rechappement du pot est offert.

RESTAURATEUR DIVORCÉ 5 FOIS
ÉPOUSERAIT
SERVEUSE
POUR REMETTRE LE COUVERT.

Montagne ayant accouché
d'une souris
vend épisiotomie
jamais servi.

BOULANGER INTÉGRISTE
VEND
ÉTOUFFE-CHRÉTIENS.

■ Échange bouillon d'onze heures contre bain de minuit.

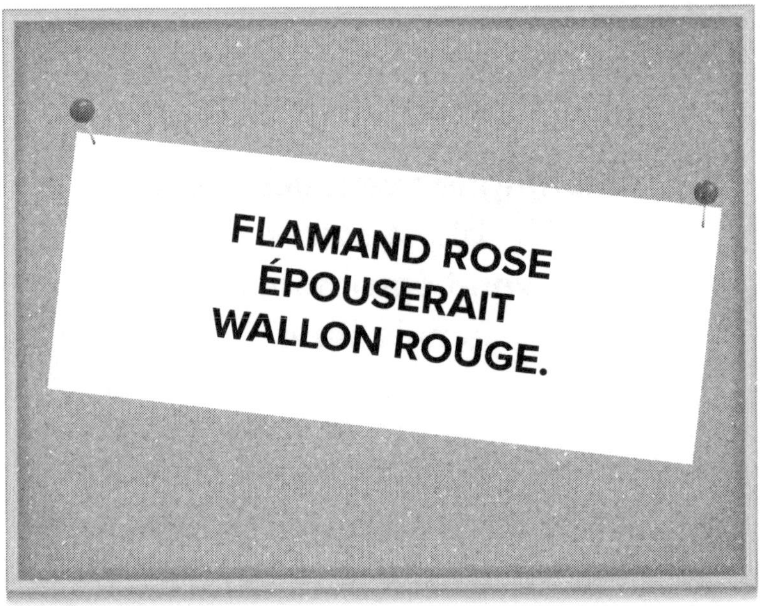

■ Chargé de clientèle en plein burn-out informe toutes les personnes dont il a le dossier en charge qu'il les encule.

Borgne épouserait femme exhibitionniste pour se rincer l'œil.

Insectivore anorexique cherche vers grossissants.

Ambulancier en Smart électrique cherche malades de petite taille pour les transporter sur des trajets courts.

Vends étui à guitare
idéal pour petite
contrebasse
ou gros violon.

Con dépressif
échange idées noires
contre matière grise.

Pédophile repenti cherche cas de force majeure pour arrêter ses conneries.

Végétarien depuis peu échange couteaux aztèques contre cuillères à soupe.

Alpiniste centenaire cherche partenaire partageant la même passion pour lui grimper le col du fémur.

Derviche tourneur au bord de la gerbe offre forte récompense à toute personne susceptible d'arrêter cette musique de merde.

Pépiniériste expérimental vend arbres génétiquement modifiés :

Putier : 500 €. Plantez l'arbre en mai en préservant sa grosse motte. Les premiers bourgeons avec un tube de rouge à lèvres à l'intérieur apparaîtront au bout de 3 à 4 semaines, puis très vite les sacs à main commenceront à tournicoter dans l'arbre. Dès la mi-mai des putes aux couleurs bigarrées se développeront rapidement et vous entendrez les premiers « Tu montes, chéri ? » début juin. Surtout ne les baisez pas tout de suite, car vous risqueriez d'avoir la brigade des mineurs au cul. Attendez début août pour ramasser vos putes, emmenez-les à Saint-Tropez et arrosez-leur copieusement le cul avec du champagne millésimé avant de les consommer.

Pouffier : 200 € - Boudinier : 150 €. Si vous voulez partager vos récoltes avec des gros mecs bien lourdauds nous vous proposons des connardiers à partir de 120 €.

Idéal pour enfants très turbulents, vends petite chaise électrique avec rehausseur. Prix à débattre.

Dératiseur cherche emploi stable à l'Opéra de Paris.

Vends ténias croisés avec vers luisants faisant office de lampe de poche quand on ouvre la bouche.

■ Offre récompense à toute personne qui pourrait m'expliquer pourquoi mon jardinier a planté mes cyprès si loin.

■ Pompier pyromane cherche petite allumeuse pour l'aider dans son travail.

Homme de main
cherche travail
sur Hyères pour
aujourd'hui.

Tanneur se propose
d'encadrer
les tatouages
de vos proches
disparus.

Cul-de-jatte volage cherche femme très bavarde pour lui tenir la jambe.

Poireau cherche oignon pour lui faire des lardons.

Démineur au chômage cherche mission pour travailler d'arrache-pied.

Cousin germain issu de germain cherche femme de secours avec issue de secours afin de ne pas se faire gauler.

Nymphomane stérile échange amant dans le placard contre polichinelle dans le tiroir.

Échange téléphone arabe contre kabyle téléphonique.

Pharmacien maléfique vend suppôts de Satan.

Homme amputé des deux bras cherche femme qui l'aiderait à tourner la page.

Phobophobe souhaiterait correspondre avec personne souffrant du même mal que lui, à condition que cet échange ne débouche pas sur un systématisme qui nous obligerait à nous écrire à date fixe ou même à nous rencontrer dans un lieu dangereux, peuplé d'individus suspects qui pourraient éventuellement fomenter un complot, voire même un attentat dont nous serions inévitablement les deux premières victimes. Paranos s'abstenir.

Ancienne dame pipi devenue avocate offre ses services à tous les sans-papiers.

■ Mme Bensoussan cherche jeune fille sérieuse pour épouser son fils Samuel toujours célibataire le pauvre. Religion indifférente pourvu qu'elle soit juive sépharade et pratiquante. Participation aux frais du mariage souhaitée, et double de la clef de l'appartement exigé.

Producteur de patates
ayant du cœur au ventre
cherche femme ayant foie
dans la rate.

**Échange éminence grise
contre slip propre.**

Orphelin matheux
recherche demi-sœur
sur Thiers pour faire
des quatre-quarts.

Grand pâtissier cherche financier pour l'aider à développer son projet d'adaptateur de poche à douille sur les anus artificiels.

Soeurs siamoises soudées par la tête épouseraient frères siamois soudés par la bite pour éviter toute reproduction.

Jockey de petite taille cherche poney cocaïné pour pouvoir gagner enfin des grands prix.

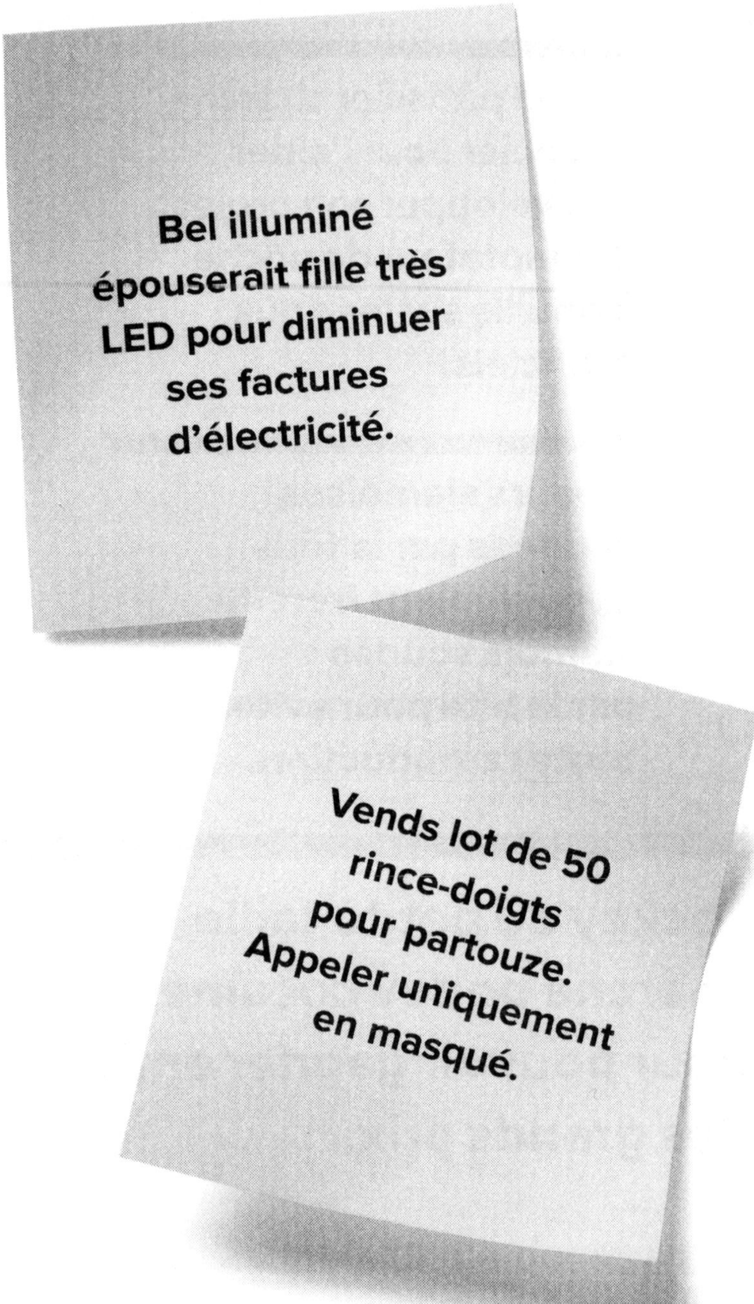
Bel illuminé épouserait fille très LED pour diminuer ses factures d'électricité.
Vends lot de 50 rince-doigts pour partouze. Appeler uniquement en masqué.

ANDROGYNE
ÉCHANGE
BOÎTE DE CAPOTES
CONTRE
BOÎTE DE TAMPONS.
MERCI DE RÉPONDRE AVANT LE 28.

Riche veuve nymphomane
échange
petit Renoir de 20 cm
contre
grand renoi de 25 cm.

INVENTEUR HOMOPHOBE
CHERCHE
SPONSORS SUSCEPTIBLES DE L'AIDER
À CRÉER LE CONCOURS LÉCHATTE.

Si ta banane est gâtée
écris-moi vite car
mon abricot est sec.
Ginette Mouillard,
« Les Hespérides »,
Andorre-la-Vieille.

Glacier pour nymphomanes vend cornet 2 boules de geisha.

Prêtre défroqué échange bible contre Kama-Sutra.

■ Échange bar à tapas
contre bar à tepus.

■ Hardeur à la retraite
cherche place de saucier
dans grand restaurant.

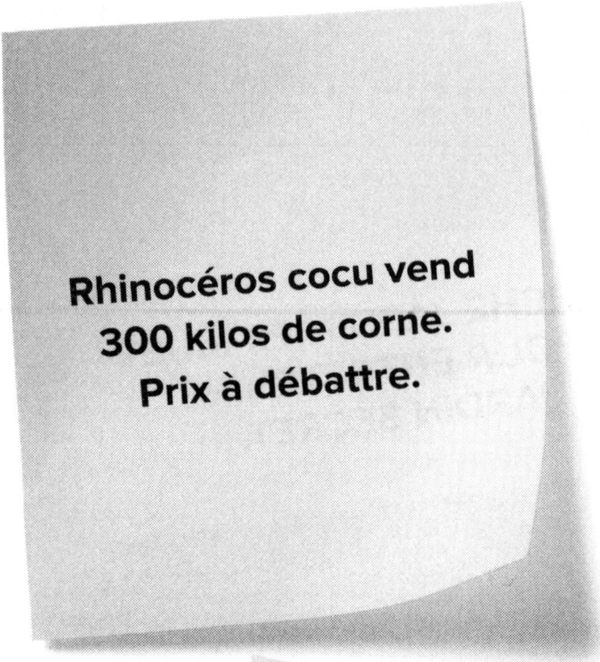
Rhinocéros cocu vend
300 kilos de corne.
Prix à débattre.

Vends poulet
à Loué.

Alcoolique érotomane échange serment d'ivrogne contre parole de pute.

Fossoyeur cherche nouveau métier pour ne plus crever la dalle.

Donne vieux matelas à mémoire de forme souffrant d'alzheimer.

Fou à lier cherche place d'attaché de presse.

**VENDS BEAU PIT-BULL DE 60 KILOS,
ADORANT LES ENFANTS
MAIS INCAPABLE D'EN TERMINER UN.
CONTACTER LA SPA DE NANTERRE
AVANT DEMAIN 15H.**

**Parano sentimental
échange
œil de Moscou
contre yeux de Chimène.**

**URGENT !
ŒDIPE
CHERCHE 1 PLACE
POUR LE CONCERT DE NTM.**

Votre épouse vous parle mal, elle vous contredit devant vos amis et elle refuse de vous obéir au doigt et à l'œil ? Inscrivez-la dans un centre de dressage, et vous serez surpris de constater qu'en seulement trois séances elle intégrera les ordres « assis », « debout », « couché ». Comptez trois jours pour « va me chercher une bière connasse » et cinq jours pour « suce-moi la bite ».

Non-voyant épouserait pupille de la Nation, voire même de la République, mais pas plus loin.

Camé cherche addictologue
qui l'aiderait à faire
profil bas.

Apprenti chauffagiste cherche ballon d'essai pour son premier emploi.

Vieux croûton cherche
vieille rascasse avec
de la rouille sur la chatte
pour dîner romantique
sur le port de Marseille.

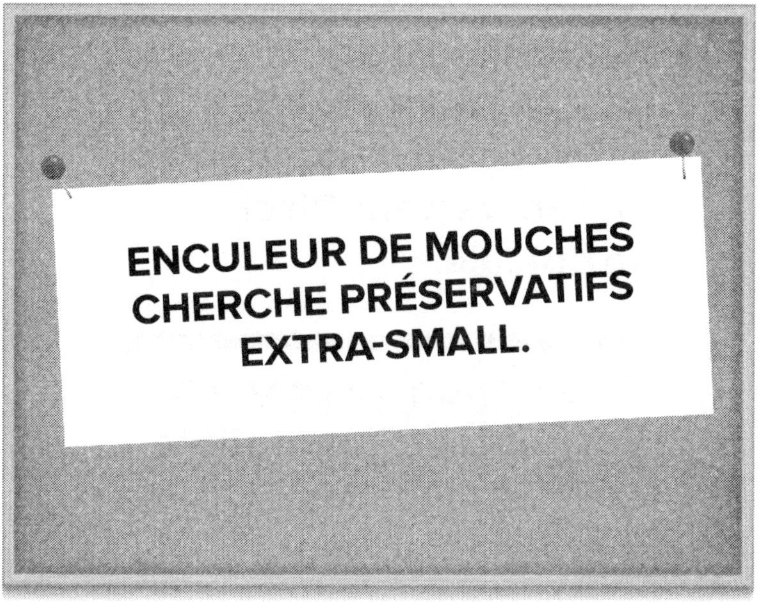

■ Videur motivé cherche place dans boîte de Pandore.

■ Boulanger radin cherche femme qui accepterait de baiser pour une bouchée de pain.

**Coiffeur ayant
une toute petite bite
cherche place dans salon
naturiste pour friser
le ridicule.**

**Cheval pudique cherche
propriétaire susceptible
de le laisser aller
à la selle tout seul.**

**Amnésique cherche
recette de madeleine
de Proust.**

**Pétomane cherche
recette de madeleine
de Prout.**

Échange pomme de discorde contre poire pour la soif.

Homme boîtant de la jambe droite cherche femme boitant de la jambe gauche pour faire de belles promenades bien symétriques.

Arménien macho épouserait femme qui ne parlerait qu'à bon escient.

CEINTURE NOIRE ÉPOUSERAIT CORDON-BLEU POUR ÉVITER LES PRISES DE TÊTE À TABLE.

TENNISMAN GAY CHERCHE PETIT TAMIS.

Poule aux œufs d'or cherche anus en bronze.

■ Amateur d'oxymores cherche encornets déjà morts.

■ Brebis galeuse épouserait mouton à cinq pattes pour fuir ensemble le regard des autres.

Morceau de sucre pas très raffiné annonce à tous les fils de pute ou autres radasses qui envisageraient de le balancer comme une merde dans une tasse de café, que ce matin il n'est pas à prendre avec des pincettes.

Serial killer fainéant cherche écorchée vive pour lui faciliter le travail.

Homme aux abois
cherche travail entre
chien et loup.

Papa gâteau cherche
mère poule afin
de ne jamais
manquer d'œufs.

Charmeur de serpents cherche langue de vipère pour fellations.

Fondeur débordé le matin cherche bronzes à couler l'après-midi.

Lève-tôt au chômage voudrait savoir quel est le connard qui lui prédit un avenir.

Amoureux transi cherche femme bipolaire.

Avocat désireux d'aider la nouvelle génération cherche jeune étudiant en droit pour l'aider à se faire maître.

**BOURREAU D'HUMEUR MASSACRANTE
PARTAGERAIT COLOCATION
AVEC ARTIFICIER EN PÉTARD.**

**Vieux couple aigri
voyant l'hiver arriver
échange
plein de fiel
contre
plein de fuel.**

**ANTISOCIAL
CHERCHE PERSONNE QUI L'AIDERAIT
À RETROUVER SON SANG-FROID.**

**Ours mal léché
cherche femelle mal baisée
pour rattraper ensemble le temps perdu.**

Trouvé sur la plage squelette de pigeon avec bague accrochée à la patte. Dans la bague se trouvait un message que voici :
« À la réflexion, débarquement trop dangereux, attendons votre réponse pour annulation. » Quelqu'un pourrait-il me dire si ce message revêt un caractère d'urgence, et si oui à qui je dois le transmettre. Merci.

Homme détestant être contredit cherche femme détestant saigner du nez.

Mec KO cherche fille OK.

Écartelé cherche femme pouvant se mettre en 4 pour lui.

Jean, jeune résistant assoiffé, demande à sa femme d'aller dans le maquis pour apporter de l'eau à son moulin.

■ Femme sérieuse échange triangle vertueux contre cercle vicieux.

■ Homme avec le cœur au bord des lèvres cherche femme avec les larmes au bord des yeux pour finir ensemble au bord du gouffre.

Financier bavarois habitant à Pithiviers cherche religieuse se prénommant Charlotte pour lui bouffer la forêt noire en un éclair dans le boudoir du Paris-Brest. Écrire lettre de motivation sur 1 000 feuilles.

Manifestant rachitique cherche leader pouvant l'aider à tenir le haut du pavé.

Potier vend capote en glaise.

Mec chaud bouillant cherche fille frigide pour choc thermique.

Nouveau patron des RG fait dire aux journalistes qu'ils peuvent faire tintin sur leur intimité.

Madame, votre mari a une trop forte libido à telle enseigne que le soir il se branle sur les coussins du salon tel un vulgaire clébard ?
Vous ne pouvez répondre à sa demande et vous avez peur qu'il ne vous néglige pour des rapports tarifés ? Nous avons ce qu'il vous faut : « STOP PUTE », le premier collier anti-pute.
Mettez-le au cou de votre mari et aucune prostituée ne l'acceptera comme client.
Le collier : 250 €.
La recharge olfactive : 50 €.

**AÏDA
CHERCHE SON OTELLO
POUR RIGOLER TÔT
(TROU VERT S'ABSTENIR).**

**Ferrailleur
cherche
femme en taule galvanisée
par sa détention
pour la vendre au poids.**

**FEMME
ÉCHANGE
SUEURS FROIDES
CONTRE
BOUFFÉES DE CHALEUR.**

**Gynécologue débutant
cherche
première cliente afin de lui mettre
le pied à l'étrier.**

■ Étudiant sans scooter cherche place de livreur de pizzas froides.

■ Échange cercueil contre planche de salut.

Homme souffrant d'un cancer généralisé en phase terminale adopterait une éphémère pour ne pas finir sa vie seul. Réponse souhaitée avant demain.

Baleine à bosse cherche très gros tube d'arnica.

Mille-pattes souffrant d'arthrose vend 500 paires de Nike Air. Prix à débattre.

Après un revers de fortune, M. Lapince recherche le SDF à qui il a donné un billet de 5€ en janvier 2003 en bas de l'immeuble 117, rue de la Bienfaisance afin qu'il le lui rende au plus vite.

Femme d'un certain âge cherche miroir indulgent.

Cherche toute personne qui pourrait m'aider à retrouver ma dignité que j'ai perdue le jour où j'ai pété en rentrant chez moi alors que ma femme m'avait préparé un anniversaire surprise avec 80 personnes cachées dans le salon.

Grue couronnée cherche canard laquais.

Pêcheur bricoleur échange poisson-scie contre requin-marteau.

Élève préférant rester anonyme tient à dire publiquement à M. Barthélemy, cet enculé de prof de math de la 4e C du lycée Pasteur de Grenoble que s'il redouble à cause de lui les conséquences sur sa Ford Fiesta bleue immatriculée CP 954 NR seront désastreuses, et son deux pièces minable au 3e étage du 25 av. Gabriel-Péri pourrait être ravagé par un incendie et sa femme Myriam pourrait demander le divorce et la garde de ses enfants si elle apprenait par une lettre anonyme bien tournée que son mari se fait sucer tous les mardis dans le bureau du directeur à 12h30 par Mme Petit la prof de SVT, surnommée par la classe « Le garage à bites ».

Après longue réflexion
Mme Cul accepte d'épouser
M. Danton à condition
de ne pas associer son nom
de jeune fille à celui
de son mari.

**Docteur Bensoussan,
diététicien dans le
Sentier accueille tous
les jours à son cabinet
gros et demi-gros.**

Vous cherchez du crack
pour une boum ?
Contactez M. Hue.

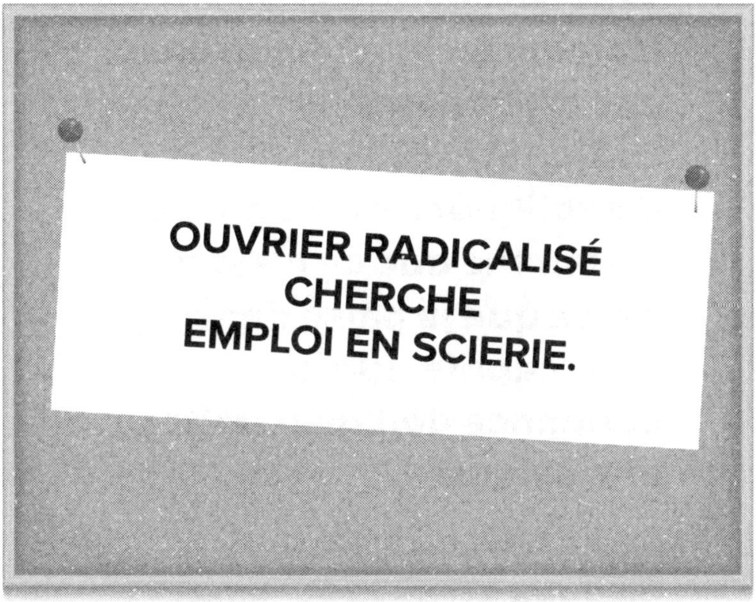

■ Morse voulant rompre sa solitude cherche femelle pour partager son rocher. Me contacter à

• • — • — — •• — — — • • — •

■ Pédophile cherche agence de voyages bon enfant pour lui organiser un séjour en Asie mineure.

Homme au bord du divorce cherche conseiller conjugal capable d'expliquer à ma conasse de femme que ce n'est pas parce que je baise des putes sans capote que la confiance doit disparaître entre nous.

Femme au bord du divorce cherche conseillère conjugale capable d'expliquer à mon gros porc de mari que la prochaine fois que je me chope une MST à cause de lui je lui coupe la bite pendant son sommeil.

Sado-maso vend pinces crocodiles avec adaptateur de pinces à tétons. Chochottes s'abstenir.

Archéologue gay propose le mardi et le jeudi fouilles anales dans le Marais. Groupes bienvenus.

Après 4 disparitions d'enfants dans l'immeuble, donne boa constrictor de 8 mètres, gentil mais fugueur.

GYNÉCOLOGUE CHERCHE ÉDITEUR POUR PUBLIER SON 1ER ROMAN : « LA DAME AUX CHLAMYDIAS ».

Vends authentique commode Napoléon IV avec des fauteuils Louis VII assortis.

CANARD BOITEUX ÉPOUSERAIT CANNE ORTHOPÉDIQUE.

Étant entré ce midi dans une boulangerie avec la ferme intention de jouer de mon charme irrésistible pour obtenir des pâtisseries gratuitement, je suis tombé en arrêt devant la beauté de la petite vendeuse. Le soir même chez moi, après lui avoir bouffé le cul et mes gâteaux, je suis entré dans une fureur incontrôlable quand elle m'a demandé de la raccompagner chez elle à pied. Je cherche à présent un prêtre assez coulant pour me pardonner d'avoir commis les 7 péchés capitaux dans la même journée !

Mme Janine Hakouna demande une dernière fois à ses neveux et nièces de ne plus hurler « Hakouna ma tata ! » quand ils la croisent au marché !

■ Si tu souffres comme moi d'agoraphobie et de claustrophobie, rejoignons-nous vite pour échanger dans un endroit ni trop peuplé, ni trop petit.

■ Gros mythomane cherche personne pour confirmer ses dires.

Moine tibétain de passage à Paris cherche personne pouvant lui organiser un week-end de ouf avec du champagne, de la coke et des putes avec si possible des moulins à prière dans la chatte.
Discrétion exigée.

Abattoir désireux de redorer son image organise tous les mercredis une journée portes ouvertes avec travaux pratiques pour les groupes scolaires de la maternelle au CP. Chouineurs s'abstenir.

Amateur
de cybersexe
cherche chirurgien
capable de lui greffer
une clef USB
sur la bite.

Vends minuterie pour
éjaculateur précoce.

Garde-côtes cherche travail à domicile chez mannequin anorexique.

Hôtesse de l'air septuagénaire cherche emploi sur Grabat'air.

Guichetier à la Poste cherche place de contorsionniste pour enfin pouvoir avoir la tête dans le cul sans se faire engueuler.

Auteur de chansons paillardes nobiliaires cherche joueur de luth, de clavecin et de viole de gambe pour mettre ce texte en musique :

« Madame la Marquise,
souffrez que je vous dise
quand vous branlez trop vite
vous m'arrachez la bite !

Madame la Comtesse,
écartez mieux les fesses,
afin que mon braquemard
vous troue de part en part !

Madame la Baronne,
vous êtes une grosse cochonne,
mais vos doigts dans mon cul,
franchement je n'en peux plus !

Madame la Vicomtesse,
pardon pour ma mollesse
mais votre tête de chanoine
f'rait débander un âne !

Madame la Duchesse,
quelle indélicatesse,
vous pourriez éviter
de me péter au nez !

Madame l'Archiduchesse,
pardon si je vous blesse,
mais votre chat sent si fort,
on dirait qu'il est mort !

Princesse quelle prouesse,
malgré votre étroitesse
cette quintuple péné
sidère tous vos sujets !

Votre altesse royale,
je vous savais anale,
mais avec ce cheval
vous fûtes impériale ! »

Cherche éditeur susceptible de publier mon journal intime que j'ai initié le jour de mes 10 ans, quand mes parents qui n'avaient plus les moyens d'élever sept enfants m'ont abandonné une nuit d'hiver en pleine forêt, en me souhaitant bonne chance. J'y relate ma rencontre avec une louve solitaire, qui m'a permis de subsister en me faisant finir les reliquats de ses proies, ce qui développera chez moi un goût immodéré pour les intestins crus de chevreuil. L'hiver la température descendant jusqu'à -15°C, sans la chaleur de ma nouvelle maman, je n'aurais jamais pu survivre dans de telles conditions. Le problème survint à l'approche de mon sixième hiver, j'étais alors en pleine puberté et la nuit je me blottissais contre la fourrure de Maman, plus pour y trouver un orifice qu'une source de chaleur.

À quel moment le dégoût de l'inceste l'emporta-t-il sur l'instinct maternel, je l'ignore, tout ce que je sais c'est que cette vilaine morsure à la carotide me poussa à fuir la tanière et à abandonner à mon tour celle que j'aimais plus que tout.

Je courus jusqu'à l'inanition pour me réveiller huit jours plus tard dans la chambre aseptisée d'un hôpital de province.

Les journaux ne parlaient que de moi, j'étais « l'enfant sauvage », le « protégé des loups », « Remus et Romulus » à moi tout seul.

Cette brusque notoriété suscita la compassion d'un vieux lord anglais et de son épouse Betty qui ne pouvaient pas avoir d'enfants. Ils déposèrent une demande d'adoption plénière qui fut rapidement acceptée grâce à leurs puissantes relations.

Mon entrée à l'école de Cambridge fut bien plus compliquée que ce que j'imaginais au départ. Mon anglais était encore balbutiant, mes bonnes manières, inexistantes, et comble de mon inadaptation, je ne comprenais strictement rien aux règles du cricket !

Inutile de vous décrire les séances de bizutage dont je fus victime pendant ces trois longues années. Heureusement mon éducation en forêt m'avait laissé de très bons réflexes et nombre de parents d'élèves déposèrent plainte pour morsure à la carotide entraînant une perte de sang conséquente.

Je sortis finalement de Cambridge à l'âge de 18 ans avec en poche une maîtrise de sociologie en milieu forestier et, au grand dam de mes parents, je décidai de quitter la douceur du manoir familial pour me confronter au monde des affaires au cœur de la City.

Riche de mon expérience et de la fortune de mes parents, j'entrepris de créer la première chaîne de fast-food uniquement dédiée aux intestins crus de chevreuil ! La faillite fut spectaculaire et les deux cents emplois créés furent très vite supprimés. Il fallait se rendre à l'évidence, je n'étais pas un homme d'affaires. Qu'à cela ne tienne, je décidai de me lancer dans le milieu artistique. Pour y parvenir, ma rencontre avec Margaret fut en tout point déterminante. Elle chantait de vieilles ballades irlandaises dans un pub de Chiswick où j'allais boire des pintes et, malgré notre différence d'âge, notre coup de foudre fut immédiat. Elle avait 73 ans et moi bientôt 20, mais nous allions nous aimer très fort et, surtout, elle allait m'apprendre les bases du chant, ce qui me permit très vite de brûler les planches avec un répertoire corsé de chansons paillardes du Sussex. Ce fut une période merveilleuse de ma vie, nous étions jeunes (surtout moi), insouciants et fous amoureux, mais ma carrière de chanteur plafonnait. C'est la raison pour laquelle je décidai de chanter en français, ma langue maternelle, afin de donner une valeur ajoutée à ma carrière.

Margaret avait composé à la cornemuse une mélodie très efficace sur laquelle j'avais griffonné à la va-vite quelques paroles sur l'histoire d'un jeune homme qui mitonne avec amour un petit plat pour sa chère et tendre, mais la romance tourne court car l'amoureux transi ne sait pas que sa dulcinée ne supporte pas le plat en question. Je vous livre juste le refrain :

Les bras croisés sur ton fauteuil
Tu me regardes d'un sale œil
Poser mon plat avec orgueil :
Des intestins crus de chevreuil !

Comment imaginer que le Luxembourg allait me sélectionner pour défendre ses couleurs au grand prix de l'Eurovision que j'allais remporter avec 126 points d'avance sur la Turquie ?

Margaret était plus qu'une compagne pour moi ; c'était une muse, un pygmalion, et une patte de lapin. Son décès fut un choc énorme dont je ne me remis jamais vraiment. Certes je connus d'autres femmes mais d'aventure en aventure, de train en train en train, de port en port, je n'ai pu oublier son corps… putain de camion !

Pour lui rendre hommage, j'écrivis une très belle chanson sur le deuil, l'absence et le manque qui disait à peu près ceci :

Encore un soir,
Encore une heure
Encore une larme de bonheur,
Une faveur, comme une fleur,
Un souffle, une erreur…

Le procès avec Céline Dion eu des conséquences exécrables sur ma carrière et les portes du show-business se refermèrent sur moi aussi vite qu'elles s'étaient ouvertes. Je décidai donc de m'exiler à l'étranger pendant quelque temps afin d'exercer différents métiers dans différents pays. Je fus tour à tour professeur de zouk en Afghanistan, maraîcher bio à Fukushima et physionomiste dans une boîte à la mode de Pékin. La Chine était le pays idéal pour disparaître dans la foule, et leur spécialité d'intestins crus de chien était pour moi une sorte de madeleine de Proust, même si, quoi qu'on en dise, le labrador n'a pas la finesse du chevreuil.

Au bout de cinq années passées à scruter des yeux bridés, je commençais à m'ennuyer ferme. Là-bas ma vie se résumait en trois mots : vélo, boulot, dodo, et las de cette routine, je décidai de rompre ma solitude en passant une petite annonce matrimoniale dans *Le Chasseur chinois*. Après deux années passées à éplucher les dix-sept millions de réponses, je jetais mon dévolu sur Ling, une jeune contorsionniste du cirque de Pékin. Malgré ses 14 ans, elle était très mature et au lit son art me ravissait car il nous permettait des pratiques sexuelles que je n'avais jamais osé imaginer. Seule ombre au tableau, la nuit Ling exigeait de dormir dans le tiroir de la table de chevet afin d'entretenir son hyperlaxité, et son entraînement perpétuel donnait à ma vie de couple des airs de célibat. Le drame survint la nuit de ses 15 ans. Une cigarette mal éteinte roula dans le tiroir entrouvert et au petit matin je retrouvai ma jeune épouse recroquevillée ce qui était normal, mais totalement carbonisée, ce qui l'était moins. La pauvre ressemblait à un canard laqué, sa peau était rousse et craquante mais malgré toutes les épices je trouvais le goût décevant. J'étais donc veuf pour la deuxième fois et surtout j'étais recherché pour meurtre par la police de pékin et celles des autres cantons, ainsi que par celle de Canton et des autres Pékins ! Après un périple à vélo de nuit que je ne décris que dans le livre, je trouvai refuge au Tibet ou j'épousai en troisièmes noces Sangyé, qui était la seule sherpa femme du camp de base n° 3 de l'Himalaya. Son sourire édenté, sa peau de pomme fripée et l'épaisse couche de beurre de yak sur ses lèvres la rendaient irrésistible, et je la désirai ardement mais, en sept ans de vie commune, elle s'est toujours refusée à moi. En Occident, les femmes qui n'ont pas envie de faire l'amour prétextent des migraines, Sangyé se réfugiait derrière une fatigue chronique, comme si le fait de monter des charges de 80 kg jusqu'à plus de 9 000 mètres d'altitude empêchait d'écarter les cuisses le soir. Las du refus de ma femme et surexcité après toutes ces années d'abstinence, je décidai de changer mon fusil d'épaule en proposant à Chee son jeune frère de le sodomiser. Après Tintin au Tibet, objectif Lune ! Son refus fut catégorique et pour assouvir mes pulsions je fus obligé de me rabattre sur Tang, une jeune yak un peu timide qui restait souvent à l'écart du troupeau. Tang me donnait tout ce que Sangyé me refusait : du sexe, de l'affection, un lait aux qualités nutritives exceptionnelles et, le soir, ses bouses séchées me permettaient même d'allumer un feu réconfortant pendant qu'elle faisait ma toilette intime avec sa grosse langue d'une précision étonnante. Nous passâmes six mois de rêve avant de nous faire gauler bêtement un soir de pleine lune par le chef du village.

La sanction fut immédiate, Tang fut sacrifiée et je dus quitter le village sans même avoir eu le temps de goûter aux intestins crus de ma ruminante adorée.

J'avais alors à peine 25 ans, mais tout ça n'est que le début de mon périple, une petite mise en bouche dont le récit se termine le jour de mes 80 ans, quand je décroche avec mon équipe la médaille de bronze de curling aux jeux Olympiques de Sotchi. Ce récit foisonnant basé sur des faits réels fera j'en suis sûr un best-seller mondial tant ma vie fut riche et atypique. Pour ce livre, j'ai un titre accrocheur qui claquera bien sur le bandeau rouge : *Les Intestins crus de chevreuil !*

Vieille cougar de 87 ans
cherche
jeune homme
susceptible de la baiser en viager.

CHARCUTIER PROCHE DU FN
ANNONCE À SA CLIENTÈLE QU'IL
SUSPEND DÉFINITIVEMENT
TOUTE VENTE DE PATA NEGRA.

Ajusteur de stérilet
cherche
travail dans la Creuse.

ÉLAGUEUR
VOULANT CHANGER DE BRANCHE
CHERCHE
PLACE DE GÉNÉALOGISTE.

■ Zoophile passionné de voitures vend Jaguar, Mustang, Panda, Tigra, Cougar et Coccinelle. (Pot à refaire).

■ Joconde lasse de son sourire énigmatique vend sex-toy beaucoup utilisé mais encore très efficace !

Commissaire-priseur obsédé sexuel cherche jolies filles entre 25 et 40 ans pour les baiser une fois à droite, deux fois au fond, et trois fois devant, adjugé à la petite salope en minijupe au premier rang !

M. Patrick Alain tient à préciser à ses voisins qui ne lui ont pas décroché un sourire ni un bonjour depuis qu'il a emménagé à la résidence des Mésanges que toutes les personnes dont le nom est composé de deux prénoms ne sont pas forcément des serialkillers. CQFD !

Si vous êtes steward, coiffeur, antiquaire, danseur ou couturier et si vous êtes hétérosexuel, rejoignez vite notre association « On peut faire un boulot de pédé sans forcément se faire bourrer le cul ». On est déjà deux, venez vite avant qu'on s'encule !

Mec ne doutant de rien vend coquillage cassé trouvé un mardi sur la plage de Berck. 12 000 €. Prix ferme.

M. Saint Sébastien tient à avertir les futurs clients du Club Med de Tarragone que le stand de tir à l'arc n'est absolument pas sécurisé et qu'il envisage fermement de porter plainte.

Fisteur débutant cherche club de finger fucking.

**PLOMBIER
CHERCHE SPONSORS
POUR TRAVERSER
L'ATLANTIQUE EN SANITAIRE.**

**Échange
crachat d'avocat
contre
glaire de notaire.**

**HELL'S ANGEL VEND
HARLEY ROSE. URGENT CAUSE BAGARRE
TOUS LES JOURS.**

**Podologue désireux de prendre
enfin son pied
cherche belle manucure pour lui
demander sa main.**

Priapique à grosse teub
propose croisières
exclusivement féminines
sur le canal de l'Urètre.
Envoyez vos photos
pour réservation.

**Amateur de laiderons
échange boudin créole
contre thon catalan.**

Lesbienne cherche place
de gardienne de prison
à Gouinetanamo.

Bonjour, je m'appelle Thibault, j'ai 23 ans et je souffre de schizophrénie depuis l'âge de 16 ans. Cette maladie me coupe totalement du monde et entre deux séjours en hôpital psychiatrique je n'ai pas vraiment l'occasion de me faire des amis. C'est la raison pour laquelle je souhaiterais rencontrer des gens de mon âge et de ma région pour rompre un peu ma solitude. Si vous êtes intéressé merci de m'écrire à :

Thibault Lemercier
HP Sainte-Anne
23, rue Victor Hugo
55000 Bar-le-Duc

Femme enceinte de 11 mois et demi
cherche huissier
pour enfin expulser l'enfant.

POÈTE A LA RETRAITE
VEND
ÉLEVAGE DE VERS À SOI.

Couple échangiste
et fan de barbecue
propose bonnes parties de braises
dans la pinède.

ACQUARIOPHILE ISRAÉLIEN
VEND
CARPE GOY.

Cher Thibault, ta petite annonce m'a fait bondir de joie car je pensais ne jamais pouvoir rencontrer une personne aussi proche de moi. Figure-toi que moi aussi je m'appelle Thibault Lemercier, j'ai comme toi 23 ans et je souffre également de schizophrénie depuis l'âge de 16 ans. Cerise sur le gâteau, j'habite également dans la Meuse et je suis traité dans le même hôpital que toi. Je serais ravi de te rencontrer au plus vite afin de pouvoir lier une amitié sincère avec une personne qui pourrait enfin comprendre mon calvaire et moi le sien. Si tu es d'accord pour une rencontre rapide écris-moi vite à :

Thibault Lemercier
HP Sainte-Anne
23, rue Victor Hugo
55000 Bar-le-Duc

Monsieur Verdier, professeur des écoles à Coulommiers, tient à prévenir les parents d'élèves qu'à partir de demain il supprimera les fables de Jean de la Fontaine de son programme car à cause de ce pseudo-moraliste, des générations d'enfants sont intimement persuadées que les corbeaux et les renards se nourrissent de fromage, ce qui est une vaste connerie !

■ Bègue cherche emploi
sur Bora-Bora
ou Baden-Baden.

Vous rêvez d'un tatouage mais vous voulez commencer petit ? Milou le tatoueur des stars du porno vous fera des smileys sur l'anus pour seulement 50 €. Une fois la douleur oubliée, vous vous amuserez à vie de la réaction de vos partenaires.

Catholique désireux de se mettre à jour échange ancien testament contre nouveau.

■ L'agence de voyage MST vous propose une croisière dans les îles grecques dont vous vous souviendrez longtemps.
1er jour Blennos,
2e jour Staphilos,
3e et 4e jours toute la crête de coq,
et pour finir 3 jours de repos à Antibios.
Réservez vite !

Bakoulé M'bala M'bala, marabout conventionné, vous propose sa nouvelle grille tarifaire :

- retour de la personne aimée : 500 € ;
- départ de la personne détestée : 800 € ;
- aller-retour dans la personne convoitée : 1 200 €

Homme abstème, agelaste et ectomorphe cherche hétaïre ascardamycte et pourquoi pas abutyrofilogène à condition que sa réponse ne soit pas gongorique.

Vends tautogramme avec la lettre T.

« Tonton, ta timidité, ton triste trou tétanisé, tes tétons transpercés, tes testicules tombants, tous tes troubles tarabiscotés, tes tabous torves, travestis tels trente-trois touristes tibétains tambourinant, tour à tour tambour, timbales, tam-tam, tapotant tubas, trombones, trompettes, ton tumulte trituré, ton tintamarre tamisé, ton tintouin tâtonnant, ton triste tempo terne trahissant tragiquement tes tendances totalement transgenres. »

Je sais, ça ne veut pas dire grand-chose, mais vu le temps que j'y ai passé, je vous demande d'y mettre le prix !

HOMME D'AFFAIRES AYANT
UN PIED À NEW-YORK
ET UN AUTRE À BERLIN
CHERCHE FEMME SUSCEPTIBLE
DE LUI LÉCHER LES COUILLES
AUX AÇORES.

HOMME VICIEUX ET FIER
ÉCHANGE
AMOUR-PROPRE
CONTRE AMOUR SALE,
VOIRE MÊME TRÈS TRÈS SALE !

Échange
signes de richesse intérieure
contre
signes extérieurs de richesse.

CHINOISE EN PLEINE MÉNOPAUSE
ÉCHANGE VAPEURS CONTRE NEMS.

Jean-Michel Rondelle, anussologue dans le Marais, est le seul voyant au monde qui lit l'avenir dans le rectum. Venez avec un bon moral car c'est souvent sombre !

Millionnaire soucieux de défendre sa propriété échange lois du capital contre oies du Capitole.

Mauvais sculpteur vend œuvres hideuses et hors de prix uniquement dédiées aux ronds-points.

■ Mesdames, vous aimez le sexe, les sucres lents et le piment ? Le chef Rocco et son commis Stefano vous proposent leur spécialité : la double péné à l'arrabiata à partir de 69 euros. Réservez vite !

■ Patient qui l'est de moins en moins rappelle au docteur Petit qui lui avait demandé de garder ses selles il y a maintenant plus de six mois que ce dernier est injoignable et que son congélateur est plein !

■ Concierge médisante vend commérages, potins et autres cancans sur l'immeuble.
Ragots de bas étage : 20€.
Ragots étages du haut : 30€.

Baleine franche
tient à préciser à son
groupe qu'elle les
emmerde tous !

Recherche activement
ce fumier de papillon
dont le battement
d'ailes à Singapour
a fait en sorte
que ma femme se soit
fait baiser
par le quincailler
de Pithiviers !

Femme mûre détestant les préliminaires cherche homme susceptible de la sodomiser directement. Écrire à sœur Ursule, couvent de la Renonciation, 69700, Laval.

À saisir ! Fermier très mal vu par ses voisins échange détracteurs contre tracteur.

Femme ayant le Q.I. d'une huître vend sa moule pour trouver enfin du bulot.

Raciste brade villa au Monténégro.

Mme Brigitte Mercier cherche la propriétaire du long cheveu blond vénitien trouvé sur le revers de la veste de son mari Roger, afin de lui offrir un thé, avant de lui vitrioler la gueule et de lui arracher les yeux !

Auteur de ce livre offre grosse récompense à toute personne susceptible de l'aider à retrouver ses clefs de bagnole à condition qu'on lui épargne la vanne lourdingue « Eh connard, t'as regardé dans ta poche gauche ? »

Ève Savas, née à Lavalle 20/02/2002, ayant un frère prénommé Bob né le 01/02/2010 et une sœur Anna née le 11/02/2011, cherche voyant ou astrologue pouvant lui expliquer pourquoi sa vie est jonchée de palindromes et surtout y a-t-il une chance quelconque pour qu'elle décède le 10/03/3001. Merci de lui écrire chez son coloc, M. Natan Reyer, professeur de kayak à Noyon.

■ Homme désespéré habitant au rez-de-chaussée, n'étant pas raccordé au gaz et ne possédant ni corde ni sommifère, offre l'apéritif à toute personne qui aurait la gentillesse de passer lui mettre une balle dans la tête.

Petite retraitée de 87 ans
cherche jeune étudiant
pour lui faire ses courses,
promener son chien
et pourquoi pas lui bouffer
la chatte.

Numismate illettré et royaliste échange livres contre couronnes.

Femme échange peau
d'orange contre zeste
déplacé.

Assassin en liberté souhaite correspondre avec prisonnier victime d'une erreur judiciaire afin de lui mettre un peu plus les glandes !

Homme 50 ans, sans aucune ambition et n'ayant jamais fait grand-chose de sa vie cherche place de second assistant auxiliaire auprès d'un collaborateur adjoint. Salaire médiocre exigé.

Poissonnière célibataire cherche mec qui aurait les couilles de supporter sa grossièreté, son caractère de merde, et surtout l'odeur !

Procrastinateur invétéré cherche femme entre 40 et 45 ans en vue d'un mariage, mais pas avant demain, voire même après-demain au plus tard.

Homme se posant de fausses questions cherche femme apportant de vraies réponses.

Vends herbier composé entre l'âge de 12 et 15 ans.

Vends également capotier réalisé entre 16 et 25 ans composé de plus de 200 capotes séchées avec la photo de la fille, un poil de chatte et une note sur 10.

Pour finir, vends tampaxier de ma femme aujourd'hui ménopausée.

Faire offre pour les trois.

■ Homme ayant des doutes sur la fidélité de sa femme Martine demande à tout l'immeuble du 54, avenue Victor Hugo à Tourcoing de l'aider à la surveiller car si on s'y met tous on finira bien par coincer cette salope. (Discrétion souhaitée).

Homme gauche, connu pour sa droiture cherche femme droite de gauche. Dyslexique s'abstenir.

Œnologue ballonné échange caisse grave contre caisse de grave.

Offre récompense à toute personne pouvant m'aider à conjuguer les verbes neiger, traire et pleuvoir à l'imparfait du subjonctif.

ÉGOÏSTE
CHERCHE
FEMME
QUI NE PENSERAIT QU'À LUI.

Soupeur
cherche
les Mémoires
de l'empereur Vespasien.

Audioprothésiste
s'occupe
de vos feuilles mortes.

DROGUÉ
ÉCHANGE TÉLÉPHONE PORTABLE
CONTRE FIX.

Femme du monde sensible
à la galanterie cherche
gentleman qui lui ouvrirait
la porte de la voiture,
la laisserait sortir de
l'ascenseur en premier,
lui ramasserait son écharpe
négligemment tombée
au sol sans oublier bien sûr
de lui mater le cul quand
elle monte l'escalier.

Femme frustrée tient
à dire à son mari que s'il
descendait un peu
à la cave il remonterait
dans son estime !

■ Femme qui s'est fait vanner à Vannes, limoger à Limoges, lourder à Lourdes et aborder à Bordeaux, reste encore trois jours à Béziers mais pas plus !

Prof de grammaire donne cours de conjugaison à domicile. Si vous étiez intéressé, contactons-moi au 06 12 55 17 ou bien écrirez au journal.

Greffé du visage donne cours de grimaces à domicile. Merci de ne pas hurler quand vous m'ouvrez la porte !

Imbécile heureux épouserait intellectuelle névrosée pour faire des enfants bipolaires.

ÉCHANGE
GROS REVENUS
CONTRE
BON PARTI.

Vénitien voulant
travailler en France
cherche
place de responsable
de tête de gondoles.

ÉCHANGE DE BONNE GRÂCE
DEUX BONNES GRASSES
CONTRE
DEUX BONICHES
AVEC DEUX BEAUX NICHONS.

Cigale tient à préciser publiquement à cette salope de fourmi que si un jour elle est dans la merde elle pourra crever la gueule ouverte avant que je ne la dépanne !

Heureuse maman de sextuplés cherche truie affectueuse pour l'aider pour l'allaitement.

Femme à barbe chaussant du 46 et ayant une bite énorme souhaite correspondre avec homme ayant des menstruations, de la poitrine et un vagin.

Nymphomane partagerait colocation avec une équipe de rugby, plus les remplaçants.

Homme très occupé cherche quelqu'un pour faire pisser son chien le matin et faire chier sa belle-mère le soir.

Joaillier méfiant promet
bracelet électronique
à tous ses clients indélicats.

**Vends didgeridoo
avec fonction
thermomètre pour
les plus gourmands.**

Ne retrouvant plus les clefs
de sa Porsche, le Docteur
Bensoussan chirurgien à
Paris 16e demande à tous
les patients qu'il a opérés
cette semaine de vérifier
leurs selles.

■ Idéal pour petit déjeuner de Polonaise ! Vends vieille bouteille d'alcool ressemblant à du vitriol, trouvée dans la cave de mon tonton disparu. J'ai goûté, j'ai aimé le petit goût de pomme mais après être devenu aveugle j'ai décidé de m'en séparer. Faire offre.

BIBLIOTHÉCAIRE
AIMANT FAIRE L'AMOUR AU TRAVAIL
CHERCHE FEMME POUVANT
JOUIR EN SUSURRANT.

---

crivain voulant s rconvrtir
dans la musiqu chang machin à crir
sur laqull il manqu un lttr contr piano
sur lqul il manqu un touch.

PRÊTRE DÉBUTANT SUR YOUPORN
SOUHAITERAIT SAVOIR
S'IL EXISTE
UNE CATÉGORIE CILF
(CHILDREN I LIKE TO FUCK) ?

Femme cultivée
cherche agriculteur
pour passer la bourrer.

Parfumeur cherche plombier ou égoutier qui pourrait éradiquer cette horrible odeur de merde qui plane dans sa boutique et qui nuit considérablement à son commerce.

Constipé chronique épouserait femme super casse-couilles pour bien le faire chier tous les jours !

Moi, Gilbert Lacaisse, étant à l'article de la mort et voulant soulager ma conscience avant « le grand départ », avoue publiquement que oui, c'est bien moi qui ai pété dans l'ascenseur bondé de la tour Montparnasse le 17 juillet 1988 à 18h02. J'espère avec ferveur qu'on ne me reparlera pas de ça là-haut !

Échange choses inutiles pour moi mais peut-être très utiles pour vous contre choses inutiles pour vous mais très utiles pour moi.

■ Homme n'ayant aucune maîtrise de la lettre E voudrait savoir pourquoi la bite ne fait pas le moine et surtout pourquoi à chaque jour suffit sa pine ?

Voyageur de commerce
adepte du 69 voudrait
connaître la distance entre
Menton et Montcuq.

Veuve n'ayant plus les moyens de fréquenter les grands restaurants échange guide Michelin contre godemichet.

Chômeur pauvre
comme Job en cherche
un pour s'en sortir.

Perdu Rollex en or
pendant un week-end
à la « Fistinière ».
Merci de la laver avant
de me la déposer
à la réception.

Pasteur
dans la dèche
vend brebis égarées
à musulmans
pour la fête
de l'Aïd el-Kebir.

■ Après avoir emmené mes enfants à Disneyland pour le Noël dernier, et étant depuis obsédé jour et nuit par une rengaine lancinante qui me rend fou, je voudrais savoir quel est le « musicien » qui a composé la musique de « Small World » afin de venir le tuer de mes propres mains où qu'il soit.

Femme désespérée lance un appel à la personne qui lui a volé son sac à main hier à midi devant l'hôtel Crillon : vous pouvez garder mon sac en croco, les clefs de mon appartement et de ma voiture, la première dent de lait de mon fils unique et la mèche de cheveux de ma mère disparue, mais je vous en supplie, rendez-moi l'argent !!!

Homme qui a gagné
10 millions d'euros au loto
et qui a été frappé par
la foudre une heure après
voudrait savoir si Dieu
ne se fout pas un peu
de sa gueule !

Golfeur professionnel
cherche 6 belles putes
dimanche soir sur
Saint-Nom-la-Bretèche pour
pouvoir se refaire un beau
18 trous après son tournoi.

Spoiler débutant tient à dire
aux personnes qui n'ont pas
encore vu le film Titanic que
le bateau coule à la fin.

Eh les mecs, j'hallucine, y avait une chance sur des milliards pour que vous soyez deux à porter le même nom et vivre le même truc, mais combien pour qu'on soit trois ???!!!
Écrivez-moi vite :

Thibault Lemercier
HP Sainte-Anne
23, rue Victor Hugo
55000 Bar-le-Duc

Cherche personne capable de m'expliquer pourquoi le mot court est plus long que le mot long.

Maurice, transporteur d'organes à l'hôpital Bichat, tient à signaler à M. Ramirez qu'il a bien son cœur, mais vu que tout le périph est bouché, il aura 2 bonnes heures de retard.

Vends simple villa de 800 m^2 à Cannes avec terrasse, parc arboré, jacuzzi et cave à putes.

Écolo célibataire, je cherche une fille la trentaine ne prenant pas de bain, n'arrosant pas le jardin, utilisant des toilettes sèches, faisant cuire les pâtes avec l'eau de la vaisselle, et surtout étant capable d'accoucher sans perdre les eaux.

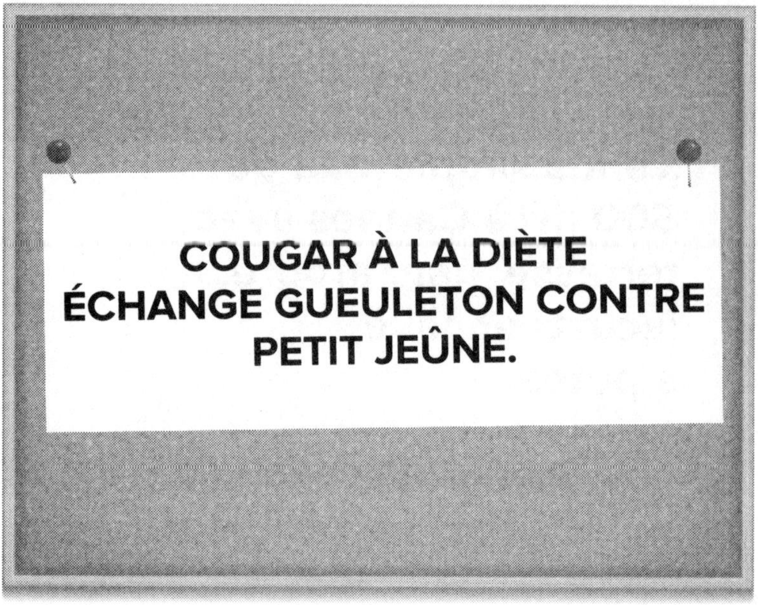

■ Dépressif chronique cherche
compagne pour rompre sa solitude
et pour attendre avec elle
la maladie, puis la mort qui nous
emportera inexorablement
dans d'atroces souffrances.
Joie de vivre exigée.

**Homme rancunier
vend
chien de sa chienne.
(Réserver avant).**

**VENDS APPARTEMENT,
2 PIÈCES, CUISINE, SALLE DE BAINS,
WC OCCUPÉS.**

**DÉFENESTRÉ AYANT RATÉ SON SUICIDE
ET SOUFFRANT LE MARTYRE
OFFRE GROSSE RÉCOMPENSE
À TOUTE PERSONNE POUVANT
LE REFENESTRER.**

**Partouzeur dépressif
cherche curare.**

Vends moissonneuse batteuse trieuse brasseuse écosseuse ramasseuse et suceuse mais faites attention à ne pas vous faire happer la bite par la machine.

Production télévisuelle recherche couples solides pour participer à une émission de télé-réalité intitulée « L'île aux putes qui sucent mieux que ta femme ».

Restaurant chinois pédophile cède lot de 12 verres à alcool de riz avec photos d'enfants nus au fond. Faire offre.

Si tu es la fille qui a écrit ce graffiti dans les toilettes des hommes de la gare du Nord : Belle blonde de 25 ans à forte poitrine suce gratos le 1er mec qui l'appelle au 0149274927, sache que tu as dû te tromper d'un chiffre, car j'ai essayé de te joindre et je suis tombé sur le ministère de l'Intérieur.

Agnostique alcoolique est prêt à adhérer à n'importe quelle religion, à partir du moment où son chef spirituel transforme l'eau en vin.

■ Vends vieux sex-toy ayant appartenu à ma grand-mère. Ancien modèle marchant au fuel avec un réservoir de 80 litres. Faire offre.

■ Homme possédant un pénis de 37 cm cherche femme n’ayant pas de cloison entre le vagin et l’anus.

**ÉCHANGE
EXTRÊME-ONCTION
CONTRE
CRÈME DE JOUVENCE.**

Thalasso mexicaine
propose
enveloppement au guacamole.
85€, supplément de chips 15€.

**VIEILLE FILLE FRIPÉE
ÉCHANGE
DROIT D'AÎNESSE CONTRE
LAIT D'ÂNESSE.**

Échange
chien assis
contre bain de boue.

Pèlerin détestant
la solitude cherche
compagnon de route pour
faire Paris - Saint-Jacques
de Compostelle à reculons
sur les genoux sans boire
ni manger. Chouineur
s’abstenir.

Madame, vous êtes muette
et vous avez besoin de faire
un frottis ? N’hésitez pas,
consultez le docteur Serin,
le seul gynécologue
sachant lire sur les lèvres.

Corbeau belge vend papier à en-tête pour lettres anonymes.

Quelqu'un pourrait-il m'expliquer pourquoi lors d'un vol Paris-Montréal mon voisin avec qui j'avais une conversation très courtoise m'a mis une grosse claque dans la gueule quand je lui ai demandé s'il avait des photos de ses gosses ?

M. Verdier, responsable de l'entretien du cimetière de Pantin, demande très fermement aux petits plaisantins d'arrêter de cracher sur le caveau de la famille Mollard, de pisser sur la tombe de Mme Cistite, et surtout d'arrêter de déféquer sur la sépulture de M. Létron. Merci.

■ Cherche production télévisuelle pour m'aider à vendre mon 1er concept très novateur intitulé « Des lettres et des chiffres ».

■ Hurluberlu suranné enseigne à gourgandine et paltoquets galimatias, balivernes et autres coquecigrues absconses tombées en désuétude afin de remettre dans le vent des locutions obsolètes. Gougnafiers s'abstenir.

JOUEUR DE POKER CHERCHE OUVRAGES DE DESCARTES.

Veuve inconsolable ayant enterré son mari ce matin cherche petit jeune pour passer la baiser ce soir.

CHÂTELAIN D'ÂGE MOYEN VEND CHÂTEAU DU MOYEN ÂGE.

Ex-malade mental aujourd'hui totalement guéri mais toujours interné en HP demande instamment aux instances médicales de le libérer avant la bataille d'Austerlitz.

Femme discrète ayant juré à sa meilleure amie de ne jamais répéter le secret qu'elle lui a confié serait prête à le partager avec quelqu'un d'autre sous les mêmes conditions.

Gode ceinture écœuré par certaines pratiques cherche place de portemanteau dans chambre d'enfant.

Jumeaux schizophrènes cherchent 4 jolies filles pour établir une relation stable et équilibrée.

■ Charcutier s'étant fait cambrioler sa boutique supplie les forces de l'ordre de l'aider à retrouver son sang-froid afin d'honorer une livraison de boudin.

Si comme moi vous mangez de la viande tous les jours, si vous roulez en 4x4 diesel, si vous prenez l'avion pour un oui ou pour un non, et si vous n'achetez que des produits qui ont fait 4 fois le tour de la planète avant de se retrouver chez vous, alors rejoignez vite mon mouvement « Putain vivement qu'il fasse 4 degrés de plus à Tourcoing ! »

■ Contestataire échange pavé dans la mare contre coup de pied dans la fourmilière.

Si vous aussi vous êtes écrasé par les impôts faites comme moi, écrivez à l'Élysée ! Chacun son style, moi j'ai choisi Boris Vian :

Monsieur le Président,
je vous fais une lettre
que vous lirez peut-être,
si vous avez le temps.
Je viens de recevoir
mon tiers provisionnel
Que j'dois payer ponctuel
avant mercredi soir.

Monsieur le président,
je ne peux pas le faire,
ça me troue le sphincter
de vous donner autant.
C'est pas pour vous fâcher,
il faut que je vous dise
ma décision est prise,
je ne vais pas payer !

Depuis que je suis né,
j'ai vu bosser mon père
et s'épuiser ma mère,
à perdre la santé.
Ils ont tellement trimé,
qu'ils sont dedans la tombe
où vos gens, c'est un comble,
ont fait suivre le courrier !

Quand j'étais bon payeur
je n'bossais que pour vous,
car vous me preniez tout,
le produit de ma sueur.
Demain très matinal,
je quitterai la France
pour rejoindre en silence,
Pagny au portugal.

Là-bas sous les palmiers,
sans peur des représailles
sans payer vos ripailles,
je dirai aux Français :

« Arrêtez de payer,
un pays se redresse
sans faire la maladresse,
de tous nous redresser !
S'il vous faut de l'argent,
allez donner le vôtre,
vous êtes bons apôtres,
vous et vos lieutenants.

Et dites à vos agents
que le chèque que j'envoie
cette fois-ci est en bois,
ils pourront pas l'tirer !

Vends cet alexandrin
à qui veut se l'offrir.

Il coûte 3 francs 6 sous,
le prix vous fera rire,

Vous le paierez comptant
et pourrez à loisir

Le conserver sur vous,
et sans cesse le relire.

Fermier normand voulant se développer à l'exportation voudrait savoir s'il peut enfin vendre du beurre aux Allemands sans se faire insulter par tout son village.

■ Vous voulez protéger votre maison des cambrioleurs à moindres frais ? Allez chez « L'Alarme à l'œil », les prix sont tellement bas qu'ils vous feront pleurer de joie !

Homme petit et lourd cherche femme grande et légère pour former un couple avec 2 poids 2 mesures.

L'armurerie Meunier de Rodez offre 10% de remise aux lecteurs de Mallarmé !

La SPA confirme qu'elle ne cautionne plus les gens qui adoptent des levrettes pour de mauvaises raisons.

Trouvé sur une plage bouteille renfermant le message suivant : « HELP ! » Pardon mais je tiens à dire à « l'auteur » que tout ça n'est pas très original car ça a déjà été fait en 1965 par les Beatles. À bon entendeur, salut !

Michel, chef de rayon chez Picard fâché avec son père depuis dix ans, tient à lui dire qu'il l'emmerde afin de ne pas rompre la chaîne du froid.

SLT si tu ❤ le Q vient 2 main ché mwa G HT des K POTE CKDO. A+

CINÉMA PORNO
VEND ÉCRAN
EN TOILE DE JUTE.

MARQUE DE CIGARETTES
CHERCHE
CANCÉREUX EN PHASE TERMINALE
POUR PHOTOS SUR PAQUETS.

Épouvantail frileux
cherche
place d'homme de paille
dans un bureau chauffé.

Femme large d'esprit
mais ayant un tout petit cul
cherche pensée
de Lévi-Strauss en 34.

Tatoueur au paint-ball
propose reproduction
de Jackson Pollock
en cinq minutes.

Vends
grosse merde
trouvée
sur le petit coin.

Garagiste corse aimant raconter sa vie offre une vidange aux clients capables d'écouter la vie d'Ange.

La police judiciaire étant en grève depuis maintenant plus de trois semaines, le patron du bar « Le Règlement de compte » à Marseille demande instantanément aux encombrants de passer au plus vite. Merci.

Toussaint fait dire à Doumé de la part de Pasquale que si Ange-Marie n'avait pas refusé de prêter son âne à Sauveur le jour du baptême de Julia la fille de Matéo et Sandra, sa tante Francesca lui aurait vendu son 16e de la bergerie de Calenzara, ce qui aurait évité la brouille entre les Perretti et les Casanova, et aujourd'hui le préfet serait toujours vivant.

■ Vends bateau sans voile, sans boussole, et sans gouvernail, idéal pour personnes ne sachant pas où aller.

■ Nostalgique du IIIe Reich propose tous les mercredis un atelier croix gammées. Idéal pour les enfants dyslexiques.

■ Homme indécis cherche femme âgée de 20, 30, ou 40 ans, brune, blonde ou rousse, pour l'épouser ou pas, mais surtout pour aller vivre soit en ville, soit en banlieue, ou carrément à la campagne, afin de fonder une famille avec ou sans enfants. Écrire au journal ou pas.

■ Dernier avertissement avant poursuite judiciaire : l'A.A.A. l'Administration des Anciens Agriculteurs demande fermement à l'Amicale des Amateurs d'Anus de changer au plus vite d'acronyme car la confusion nuit gravement à son image.

Ancien chenil reconverti en maison de retraite vos propose d'accueillir votre vieille maman au prix incroyable de 137€ par mois. Elle partagera son box avec cinq autres pensionnaires et le karcher sera passé chaque semaine afin d'assurer une hygiène irréprochable. Merci de fournir les croquettes adaptées à son régime ainsi qu'une gamelle gravée à son nom.

■ Agent double épouserait jumelles discrètes.

La pharmacie Crouté
vend tests
de grossesse positifs
ou négatifs selon si
vous voulez avoir
un enfant ou pas.
300€ l'unité.

Cantinière
cherche
maison à louer
en Macédoine.

La police fluviale recherche activement une truite saumonée ayant forcé un barrage près de Gap. Elle fait 50 centimètres de long, pèse environ 8 livres et porte des petites taches marrons et une bande rose sur le flanc. Merci de la signaler immédiatement à la police si vous l'apercevez. Attention si vous êtes une mouche, cet individu est très dangereux.

Lecteur de ce livre recherche activement la page 183.

Lépreux cherche jeux de grattage.

Navigatrice stérile cherche mer porteuse.

Grenouille de bénitier échange fauteuil crapaud contre prie-Dieu.

Peuple plongé dans l'obscurantisme cherche despote pour l'éclairer.

■ M. et Mme Leprince du 118, avenue Jean-Jaurès à Boulogne signalent à leur nouveaux voisins de gauche que hier, après qu'ils ont tapé une heure dans la cloison en criant « Oh oui je viens ! », nous avons préparé pour les accueillir un petit apéro dînatoire et au final personne n'est venu !

■ Presbyte du cul cherche lunettes de toilettes correction 3.

**GALERISTE FAINÉANT
VEND TOILES
DE CINQ ASCÈTES.**

Échange
petite chaise à porteurs
contre
gros chèque au porteur.

**LILLIPUTIEN 98 CENTIMÈTRES
ÉPOUSERAIT BASKETTEUSE MINIMUM
2,10 M JUSTE POUR FAIRE MARRER
LES VOISINS.**

Eh les mecs, maintenant qu'on est quatre, vous voulez pas qu'on se fasse un tennis ?

Thibault Lemercier
HP Sainte-Anne
23, rue Victor Hugo
55000 Bar-le-Duc

Les éditions KERO utilisent des papiers composés de fibres naturelles,
renouvelables, recyclables et fabriquées à partir de bois issu de forêts
qui adoptent un système d'aménagement durable.

Achevé d'imprimer en octobre 2017
sur les presses de Normandie Roto Impression s.a.s.
Lonrai (Orne)
N° édition : 01 – dépôt légal : novembre 2017
N° d'impression : 1703995
Imprimé en France